D1687728

Salome SIEGENTHALER-LÜTHI,
Jahrgang 1971, war als Bühnenbildassistentin am Theater Basel tätig und von 1998 bis 2006 Pächterin einer Alp im Glarner Sernftal. Sie arbeitet als Kindergärtnerin und führt mit ihrem Mann und ihren drei Kindern einen Landwirtschaftsbetrieb, zu dem auch eine kleine Alp gehört.

Karin WIDMER,
geboren 1966, absolvierte die Fachklasse für Grafik an der Schule für Gestaltung in Bern. Nach mehrjähriger Anstellung als Grafikerin und Illustratorin machte sie sich 1995 selbstständig. Seither illustriert sie Zeitungen, Lehrmittel und Bücher, fertigt Gerichtszeichnungen an und hat eine Europa-Sonderbriefmarke gestaltet.

Mit Sofie auf der Alp
2. Auflage 2020
© Baeschlin, Glarus 2016
Gestaltung: fraufederer.ch
Druck und Bindung: Grafisches Centrum Cuno, Calbe
ISBN: 978-3-85546-297-1
Alle Rechte vorbehalten.

Besuchen Sie uns im Internet: www.baeschlinverlag.ch

Baeschlin wird vom Bundesamt für Kultur mit einem Strukturbeitrag für die Jahre 2016–2020 unterstützt.

Produziert mit Materialien aus nachhaltiger Forstwirtschaft und mit lösungsmittelfreier Farbe gedruckt.

Wir danken herzlich unseren Partnern für die Unterstützung.

Für Aaron, Flurina und Sofie

Mit Sofie auf der Alp

Nach einer wahren Begebenheit

BAESCHLIN

Ich bin Sofie.

Nach den Ferien gehe ich schon zur Schule.
Aber in den Ferien sind wir immer alle bei meinem Papa
auf der Alp; meine Mama, mein Bruder Beni und ich.

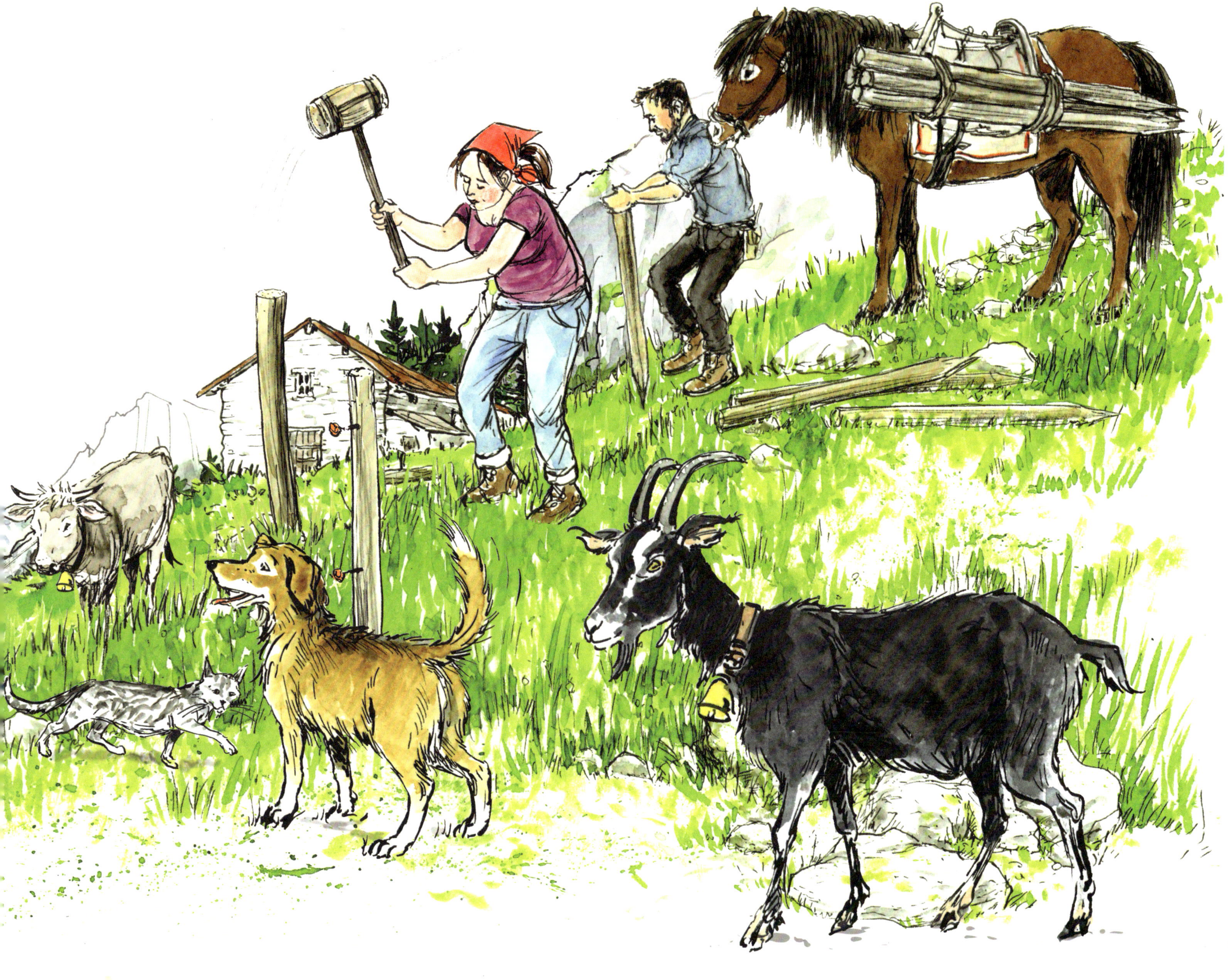

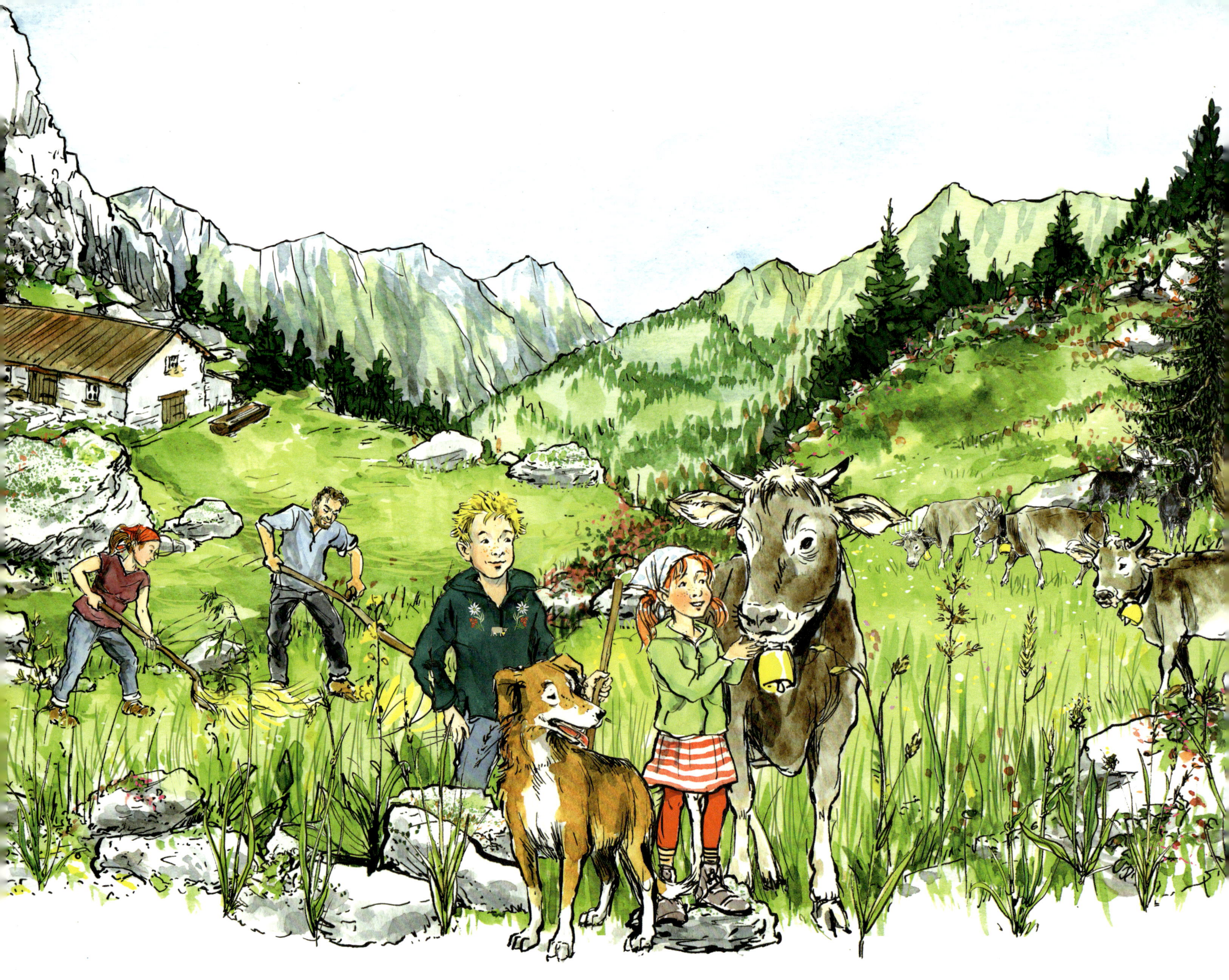

Es ist für mich die schönste Zeit des Jahres, wenn wir alle zusammen z'Alp sind.
Hier sehe ich meine Lieblingskuh Sünneli und unsern Hund Alma wieder.
Und heute kommt Federico, mein bester Freund aus dem Kindergarten,
für ein paar Tage zu uns. Darauf freue ich mich schon die ganze Zeit!

Wenn mein Papa fertig ist mit Heuen im Tal, kommt er gemeinsam mit Federico
mit dem Seilbähnli herauf. Wenn das Tragseil, das beim grossen Stein hinter der
Hütte befestigt ist, zittert, sind sie unterwegs.

Ich und Alma sitzen schon den ganzen Nachmittag auf dem Stein und
kontrollieren das Seil. Sünneli ist es zu langweilig geworden.
Sie ist zum Bach gegangen, wo am Ufer besonders saftiges Gras wächst.

Mama kehrt die Käse im Käsekeller.

Ich hole das Fernglas vom Fenstersims, denn es gibt immer etwas zu entdecken. Ich sehe die Ziegen über den Hohberg auf die Kämmwiese kommen. Da grasen auch die Pferde, zusammen mit den Schweinen. Wie eine Familie ziehen sie jeden Morgen gemeinsam los; zwei Pferde mit ihren fünf Schweinen. Und abends bringen sie sie wieder nach Hause. Papa musste einen Zaun bauen, weil die Pferde anfingen, neben den Schweinen Schotte aus dem Schweinetrog zu saufen.
Die Kühe weiden unten am Bach. Von hier sind sie nicht zu sehen. Beni sollte sie hüten, aber wahrscheinlich staut er den Bach.

Das Seil ist noch immer ruhig.
Warum dauert das denn nur so lang?

«Geht, holt die Kühe!», ruft Mama.
Alma wedelt mit dem Schwanz.
«Nein, ich warte auf Federico!»
«Er kommt erst, wenn die Kühe hier sind», meint Mama.
Alma verschwindet schon im Steingand.
Küheholen ist eigentlich unsere Lieblingsarbeit.

Als ich mit Sünneli um die Ecke biege,
höre ich den Motor vom Bähnli.
Papa und Federico winken.

Endlich sind sie da!

Sonst fehlt mir nichts auf der Alp,
aber Federico habe ich sehr vermisst.
Federico scheint auch sehr froh
zu sein – vor allem darüber, dass er aus
der Seilbahnkiste aussteigen darf.

«Hallo, Sofie!»
«Hallo, Federico!
Komm, ich zeige dir, wo du
schlafen kannst.»

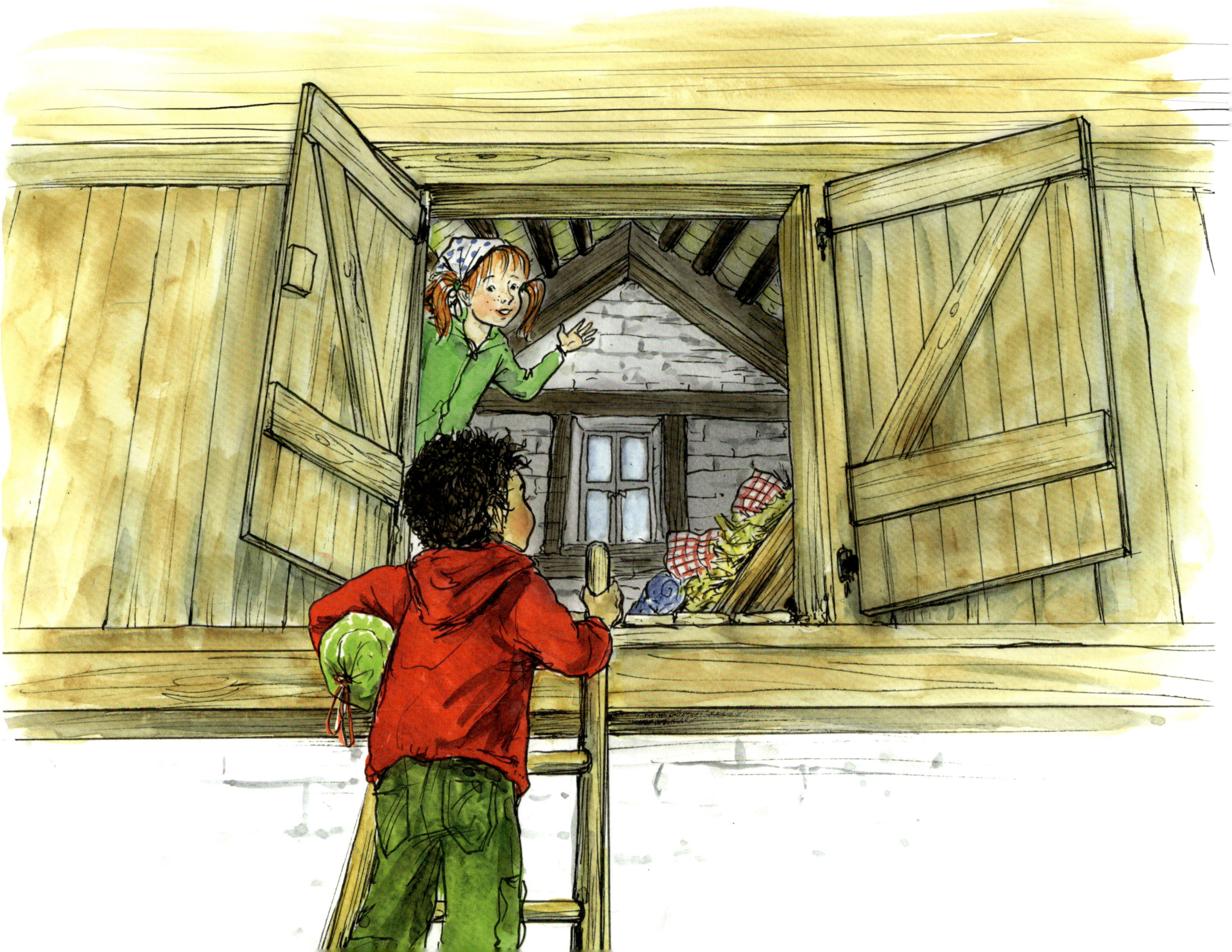

Wir klettern die Leiter hoch auf den Heuboden. Nur die Erwachsenen schlafen im Kämmerlein.
Beni und ich sind lieber im Tril. Hier im Heu darf auch Alma bei uns übernachten.
«Komm, Federico, wir legen deinen Schlafsack ganz nah neben meinen.»
«Hier ist es gemütlich, und es riecht so fein», freut sich Federico.

«Ich möchte dir Sünneli zeigen! Sie ist so gewachsen, seit du sie im Winter bei uns im Stall gesehen hast.»
Sünneli wurde letzten Sommer hier oben geboren. Obwohl sie schon so gross ist, meint sie noch immer,
ich sei ihre Mama, weil ich sie getränkt habe.

Hier auf der Alp ist Sünneli am liebsten bei mir und Alma.
Sie wartet schon vor dem Stall. Ich gebe Sünneli etwas Salz.

«Du kannst auch eine Handvoll aus dem Sack nehmen,
Federico! Sünneli leckt es dann mit ihrer rauen
Zunge auf. Das kitzelt so lustig! Du kannst ihr sogar
deine ganze Hand in den Mund stecken. Sie hat oben keine
Schneidezähne, darum kann sie dich nicht beissen.»
«Nein, lieber nicht», meint Federico.

«Kinder, Znacht auftragen!»,

ruft Mama. «Ja, machen wir!», rufe ich zurück.
«Komm, Federico, du kannst von unserem neuen Alpkäse probieren,
er ist so fein geworden! Papa macht den besten Käse.
Und morgen sammeln wir Heidelbeeren, dann macht uns Papa sicher
einen Beerifenz, mein Lieblingsessen auf der Alp.»
«Einen Fenz?», fragt Federico. «Was ist denn das?»
«Das wird aus viel Alpbutter, Mehl, Milch und Heidelbeeren gemacht
und mit Zucker überstreut. Mmh, das musst du unbedingt probieren!»

«So, ins Bett mit euch»,

sagt Papa nach dem Znacht.
Die Zähne müssen wir draussen am Brunnen
putzen. Aber heute funkeln die Sterne ja gar nicht!
Plötzlich hat es dicke Wolken.

«Beni, erzähl uns eine Gruselgeschichte!»,
ermuntere ich meinen Bruder, als wir alle in unseren
Schlafsäcken stecken.
«Zum Glück liegt dein Freund in der Mitte, so kann er
sich nicht verlaufen, wenn er Angst bekommt!», meint Beni.

Plötzlich blitzt es und der Donner kracht. Wir drei rücken ganz nah zusammen.
Wir hören, wie die Eltern sich anziehen. Papa ruft Alma. Sie müssen nachschauen,
wo sich die Tiere aufhalten. Schon prasseln die Hagelkörner ohrenbetäubend
aufs Dach. Bei jedem Blitz zuckt Federico zusammen.
«Du musst keine Angst haben», sagt Beni. «Wenn er einschlägt,
dann ins Seilbahnseil. Hier sind wir sicher.»

Papa, Mama und Alma sind zurück. Die Kühe haben beim Steingand Schutz gesucht.
«Ihr müsst euch keine Sorgen machen, schlaft nur schön, Kinder», sagt Mama.
Nach einer Gruselgeschichte ist uns nicht mehr zumute,
und die Augen fallen zu, sobald der Hagel in Regen übergegangen ist.

Am andern Morgen erklärt Papa beim Frühstück: «Wenn es hagelt, wird es gefährlich.
Die Kühe meinen, sie werden geschlagen, drücken die Augen zu und rennen los.
Darum muss man bei einem Gewitter immer bei den Tieren sein.
Hast du trotz des Unwetters gut geschlafen, Federico?»
«Ja, sehr gut!»

«Schön. So, nun los, bringt die
Kühe auf die Tagweide!»

«Hoi, hoi, hoi», ruft Beni und Alma bellt.
Willig schlagen die Kühe den Weg zum Bach ein.

«Federico, ist Sünneli bei dir?», rufe ich.
«Nein, ich habe sie noch nicht gesehen.»
«Beni, wir haben Sünneli nicht dabei!»
«Sucht sie schon mal! Ich bringe die Kühe
runter und komme gleich mit Alma nach.»

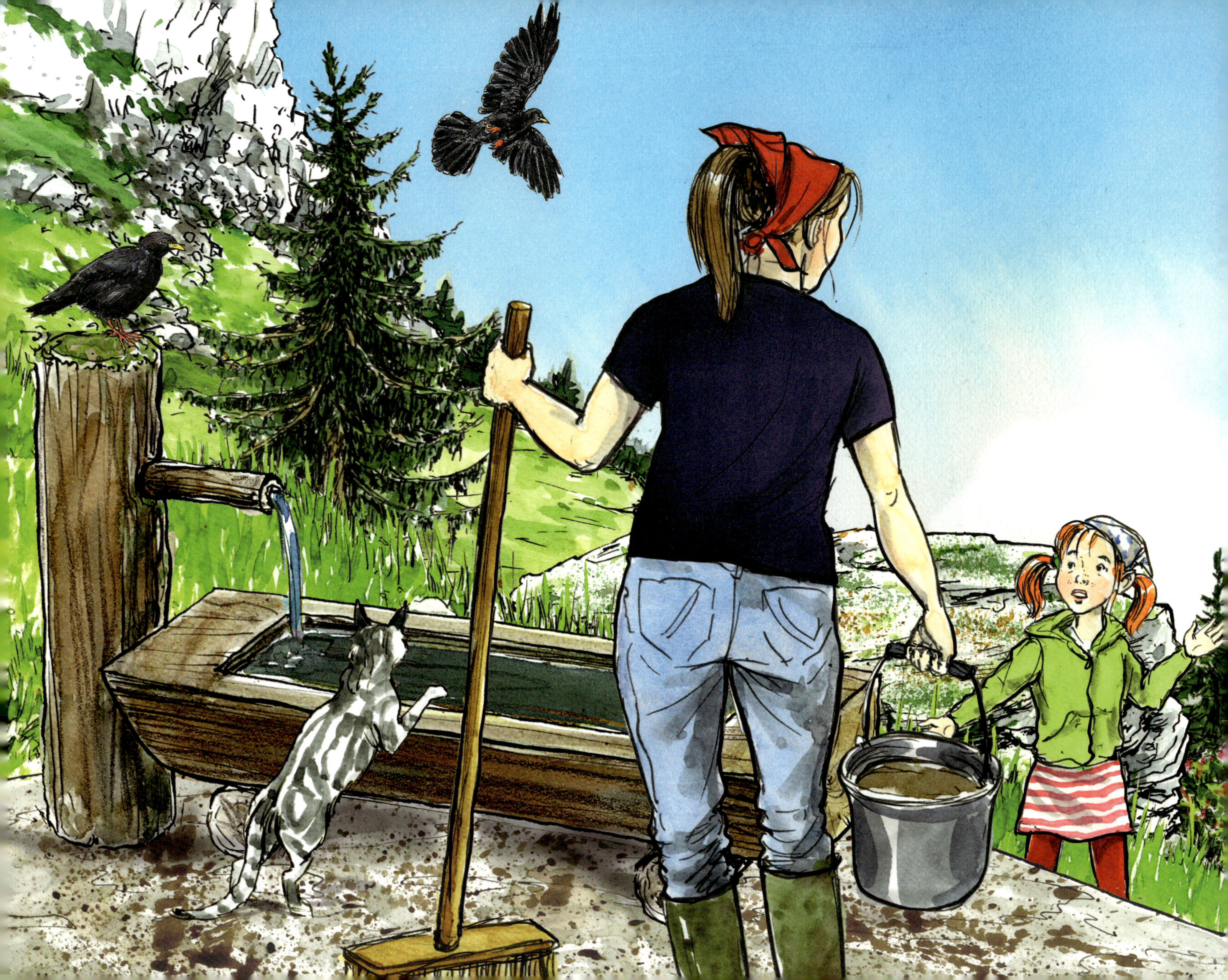

«Mama, Mama, Sünneli ist verschwunden!»

«Schaut mal beim Steingand nach, da hat gestern die ganze Herde Schutz gesucht.»
«Gute Idee, das machen wir!»

«Sünneli, Sünneli!», rufe ich verzweifelt. Aber ich kann sie nirgends sehen;
nicht hinter den Felsblöcken, nicht in der Mulde.
«Sünneli, komm doch!», ruft auch Federico.

Wir rennen zurück zur Hütte: «Mama, bitte hilf suchen! Hoffentlich ist Sünneli nichts
passiert bei diesem Unwetter. Sie hatte sicher furchtbare Angst. Mama!»
«Ja, ich komme! Aber ohne Alma ist es schwierig. Sie wird mit Beni sicher gleich zurück sein.»
«Da kommt sie ja schon gelaufen, schau, Mama! Alma, bitte hilf uns, Sünneli ist verschwunden!»
«Such, Alma!», befiehlt Mama. «Geht nochmals zum Steingand, du, Federico und Alma.
Beni und ich gehen über den Munggenboden.»

Alma hat verstanden und läuft schnüffelnd um die Felsblöcke.
Aber wieder nichts. Mir kommen die Tränen. Als Federico das sieht, beginnt
er ebenfalls zu weinen. Wir setzen uns hin. Was könnte nur passiert sein?
Alma bellt weiter oben am Hang, aber es ist weit und breit kein Sünneli
zu sehen.

«Komm wieder suchen, bitte, Alma!», rufe ich. Aber Alma bellt weiter wie verrückt.
«Komm, wir gehen zu ihr, dann sind wir nicht so allein», schnieft Federico.
«Ja, gut, gehen wir zu Alma.»

Auch Mama und Beni kommen durch die Alpenrosen herüber.
«Alma!», ruft Mama streng. «Schluss jetzt!» Aber Alma bellt und bellt.
Als wir bei Alma ankommen, sehen wir Sünnelis Kopf am Boden zwischen
den Alpenrosen. Sie schaut mich erleichtert an. Sünneli steckt in
einem Loch zwischen Steinen fest, das exakt so gross ist wie sie selber.
Nur der Kopf schaut oben raus.

«Oh, du armes Sünneli!

Du gute Alma, zum Glück hast du Sünneli gefunden! Mama,
schau, Sünneli steckt in einem Loch!»

Mama staunt: «Das gibt es doch gar nicht! Der Spalt ist so schmal und von Alpenrosen völlig überwachsen, den habe ich noch nie gesehen. Das wird sehr schwierig, sie da rauszuholen. Ich hoffe, Papa ist mit Käsen schon fertig. Beni, lauf zu ihm und sag, er soll mit Seilen und zwei Latten herkommen!»

Beni spurtet los. Federico und ich streicheln Sünnelis Kopf. Alma ist wirklich der beste Hund der Alpennordseite, da hat Papa schon recht. Mama versucht zu erkennen, wie Sünneli sich im Loch verkeilt hat: Sie sitzt sozusagen auf dem Hinterteil!

«Das wird schwierig, die Stangen unter Sünneli zu schieben, um sie hochzustemmen», meint Mama. Zum Glück sehen wir schon Papa bei der Hütte loslaufen. Und Beni hinterher.

Papa versucht, neben Sünneli ins Loch zu klettern, aber es ist zu eng.
Er bindet Seile um Sünnelis Brust, und er und Mama ziehen.
«Das schaffen wir nie», sagt sogar mein starker Papa.

«Wir brauchen einen Helikopter!»

Federicos Augen beginnen zu glänzen.
«Ein Helikopter kommt hierher?», fragt er ungläubig.
«Ja, ich rufe sofort die Rettungsflugwacht an», meint Papa.
Bald darauf meldet sich die Basis: Der Helikopter wird in
einer halben Stunde hier sein. Federico kann es kaum erwarten.

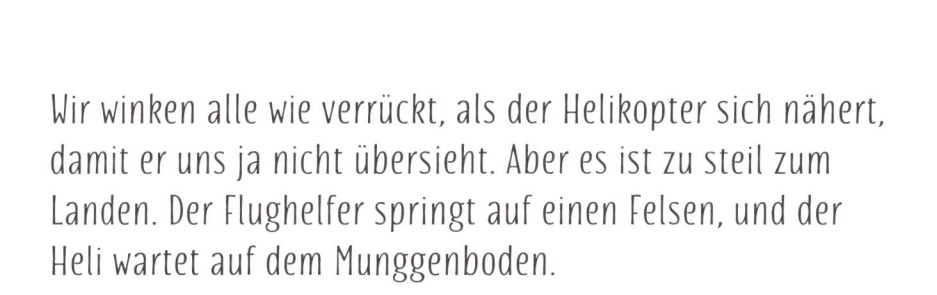

Wir winken alle wie verrückt, als der Helikopter sich nähert,
damit er uns ja nicht übersieht. Aber es ist zu steil zum
Landen. Der Flughelfer springt auf einen Felsen, und der
Heli wartet auf dem Munggenboden.

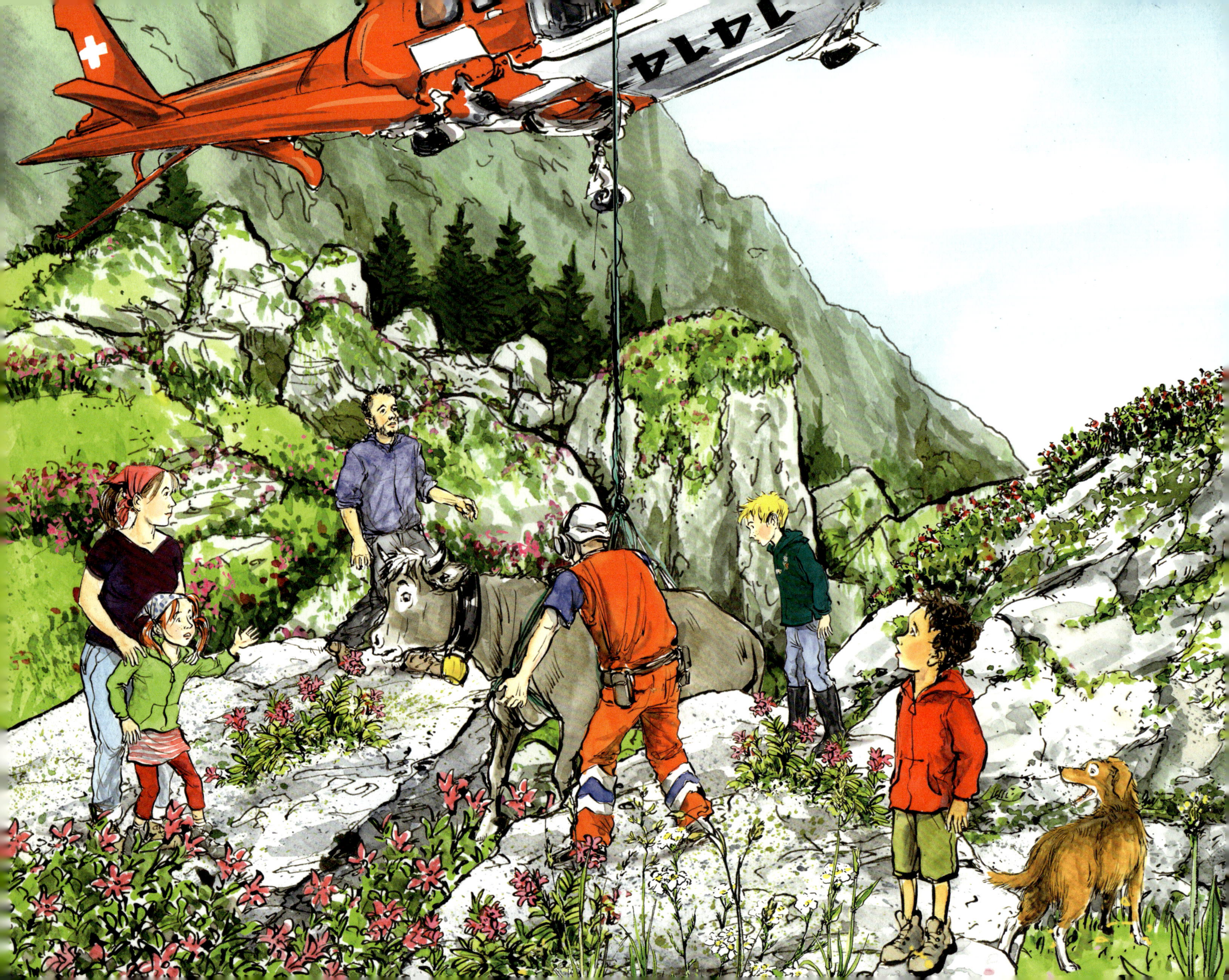
1414

«Wir können das Rind nicht in ein Netz binden wie sonst. Aber wir versuchen, das Netz möglichst breit um seine Brust zu legen und es dann ganz vorsichtig anzuheben», meint der Flughelfer.
«Es ist mein liebstes Sünneli, bitte passen Sie gut auf», sage ich.

Ganz langsam steigt der Helikopter höher. Es klappt! Stück für Stück wird Sünneli angehoben. Bald ist es aus seiner misslichen Lage befreit, und der Helikopter stellt es behutsam auf den Boden. Sünneli schüttelt sich und wackelt mit den Ohren. Ich umarme es ganz fest, mein liebes, liebes Sünneli!

Wir gehen langsam zusammen zum Bach. Sünneli hat grossen Durst. Federico und ich ziehen die Schuhe aus und plantschen im Bach, während Sünneli am Ufer zufrieden zu fressen beginnt.

Nach dieser Aufregung sammeln Federico, Beni und ich Heidelbeeren.
Es dauert ewig, bis wir genug für einen Fenz haben. Erst füllen wir unsere
Bäuche! Federico ist ganz violett an den Händen und im Gesicht.

«Das war aber cool heute mit dem Heli», sagt Federico beim feinen Beerifenz am Abend. «Ja, wir hatten sehr grosses Glück, dass nichts Schlimmeres passiert ist und wir Sünneli rechtzeitig gefunden haben», meint Papa. «Nur dank unserer Alma! Sag ich's doch: Der beste Hund der Alpennordseite!» Er streicht Alma über den Kopf.